Afsaaney Tere Mere

Mere Lafzon ka dastak aapke dil tak

Ritesh Kumar

BookLeaf Publishing
India | USA | UK

Made with ❤ on the BookLeaf Publishing Platform
www.bookleafpub.in
www.bookleafpub.com

Dedication

To the emotions that found their voice in words,
and blossomed into poetry,
and to the souls who understood me,
embraced me, and inspired me to keep moving forward.

Preface

Love has always been the most timeless of emotions — soft enough to heal, yet strong enough to break and rebuild us.

This book is a reflection of that journey, told through verses that capture the many shades of love: its innocence, its passion, its longing, and its quiet silences.

Each poem in these pages is born from the heart — sometimes as a whisper of affection, sometimes as an ache of absence, and often as a celebration of togetherness. While these words come from my own experiences and imaginings, I believe love is universal. Perhaps you will find within these lines a memory of your first love, the warmth of someone you hold close, or even the echo of a love you once lost.

This collection is not meant to define love, but to remind us of its endless ways of touching our lives. If even a single poem makes your heart pause, smile, or ache with recognition, then this book has found its purpose.

With love,
Ritesh

Acknowledgements

This collection of verses is born from whispers of the heart,
from the gentle touch of love, and the quiet ache of longing.

To my family, whose unwavering belief has been my safe haven.

To my friends, whose laughter, stories, and dreams have danced their way into these pages.

To the poets and dreamers who have shown me that words can hold the weight of emotion.

And to you, dear reader, who lets these words linger in your soul—
thank you for turning my whispers into shared moments of the heart.

1. New Poem

2. iltzaa

Aankhon me meri dekh ke
Haai... woh kya keh gaye

Likho kuch humpe bhi
Ye iltzaa kar gaye...

Kya Likhe mere Khudaa... woh imtehaan kar gaye

Kehta hai dil ki bata de.....
Jaate jaate ae kaatil tu halaa kar gayaa
Dum Toot ta hi tha k seene se laga aur wafaa kar gaya

Likhenge ae humdum
Ye saanse, ye dhadkan, ye nazarein, ye aankhein.....
Tere naam likhenge.....

Rakh de mere haathon pe haath apna.....
K baaki ki zindagi ab tere naam likhenge......

3. Safar Tera Mera

Tum Mile, Tera saath mila...
Saal dr saal ye zamana beet gaya.

Chalte chalte bade door aaye hum,
Tumhare saath ye safar bada suhana beet gaya...

Rishte me daali tumne gond dher saari
Meri bikhri si zindagi, kyaa khub tune sanwari...

Haathon me tera haath lekar "I Love You" kehna nahi aata,
Tumhari aankhon me dekhkr gunguna na nahi aata...

Mana thoda kachaa hun, Sikka jamana nahi aataa...
Kora hai pyaar mera, bs tere bin rehna nahi aataa...
Dukhte hain tere aansu, Zindagi ko tujh bin zindagi kehna nahi ataa...

Bhulu kaise vo vo halaat, vo waqt, jo berang the
Chizon ki list lambi aur jeb mere tang the...

Jod raha tha main jb paai paai,
Tum pas mere saath, mere sang the...

Yaar mere... Tere saath abhi aur door jana hai,
Kuch pal pyaar k teri bahon me bitana hai...
Hansna hai Khil khila k, Kisse kuch suna na hai.......

Batein Jitni Sunayi tumne, sb ghisi piti bakwaas purani hai...
Kr lo taiyaari, dher saari - k mujhe jalwe aur dikhane hain, tumhe shopping aur karaani hai....
Abhi to kuch baras beetey hain saath tumhare chalte huve,
Haath tumhara pakad kr abhi toh pachasvi saalgirah manani hai.....

4. Mehboob ka Sheher

Jannat bastaa ho jahan
Usey khudaa ka ghar kehte hain...

Duniya kahe jo bhi....
Hum usey mehboob ka sheher kehte hain...

Hum Dum hanste hain ye sun kar,
Aur hum unki hansi me ghazal sunte hain....

5. Sanam aur Kalam

Sanam ko kalam se hamaari.......
Kuch bagaawat si hai

Shikwa hai thoda, thodi shikayat si hai.....

Aur kalam ye likhti hai......

Jinpe fida the sadiyon se hum ae khuda...
Unse ru-b-ru ho gaye

Manaau kaise unko,
Jise dhundte the
Apne rumaani hone ki wajah mil gayi....

6. Baarish ka Mahina

Baarish ka mahina haye....
Sangeen keher barpata hai

Asmaani yaar mera
Safed Kurte me
Chhat pe dauda aataa hai...

Kaale kaale badal ki-- Neeyat kali si lagti hai
Jhoomti hai vo jhumar si-- Kavvali si lagti hai

Hansti hai to-- phoolon ki daali si lagti hai
Juban se fisalti hai-- Mithi gaali si lagti hai

Bijli kadakti hai, Chamakti hai...
Woh aftaab si lgti hai
Ulji Uljhi-- Ansuni kitaab si lgti hai

Boondon ko seene se lagakar
Bheegti hai tar-- jee bhar
Haaye-- Baarish mein sharaab si lgti hai...

7. Mohabbat ka saawan

Mohabbat k is sawan mein, aag ka dariya behta hai
Aayen hai vo bhigne chhat pe, dur koi aashiq kehta hai....

Baarish me bhi un ankhon me angaar dikhta hai
Seene se lagataa hai vo jakad k
Haaye pyaar dikhtaa hai...
Beshumaar dikhta hai

Behisaab dikhta hai-- Behisaab dikhta hai

Ae Uparwale
Meri tarah be maut marenge saare

Kyunki

Mohabbat k is sawan mein, aag ka dariya behta hai
Aayen hai vo bhigne chhat pe, dur koi aashiq kehta hai....

8. Zindagi lutaane chale hain

Woh jinki zindagi ho naam kisi aur k
Hum unhe apni zindagi banane chalein hain...

Woh lut gaya ho jinka sab kuch
Dekho, Hum unpe apni zindagi lutaane chale hain...

Raat k andheron me, bahon me gairon k-- simatate hain jo,
Hum unpe khud ko mitaane chale hain

Khub pehle pheron ki agni me jo jal chuke hain
Unse door rehke, hum unhe jalaane chale hain

Dekho to dil ki nadanagi
Rangi ho, Saji ho, laal khub maang jinki
Hum unki maang par taare sajane chale hain

Sada jinka kamraa mehakataa ho auron ko khushbuon se
hum kyu unke liye saare jahaan ki khushboo churaane

chale hain
Jinka hota ho savera kisi aur k pehloo me
Kyun unhe apna bnaa ne chale hain....

Chhodo meri ki khush hun yaar
rakh sakun haath unke kandhe par pyaar se
Ab us janam ka intezaar karne chale hain....

9. Alfaaz

Tum dur huve, Reh gaye tanha
par dur kare tanhaai ko
Vo humraaz nahin milte

Mil jaate hain bohot
par bhaa jaaye jo hothon ko,
Vo saaz nahi milte

Rehne do kabhi aur bayan honge gum ye mere dil k
Aaj bayan kr paaun woh Alfaaz nahin milte......

10. Saali Saahiba

Phooljhadi hai,

Mele si-- woh sajti hai
Mummy Papa ki dulari, phoolkumari lagti hai
Didi ko vojaan se pyaari-- Mom ki gudiya lagti hai
Bhaai ki vo chotti hai-- Jeher ki pudiya lagti hai

Sakhiyon me vo titli hai-- khsma nu khaani lgti hai
sabko ek nazar me vo jaani pehchaani lgti hai

Ashiqon ko lgti hai
Garmi ki lu si...
Sardi ki chaai si...
Sawan k ghevar si...
Dulhan k jewar si...

Saali Saahiba ki aankhon me, Sapne gehre palte hain
kahan thamte hain, ufanati lehron me vo to chalte hain

Hon poore khwaab saare aapke

Chumon saari manjilein
Hum dua ye rab se krte hain

11. Gunaah

Unki aankhon me dekhun -- to Gunaah
Uthti girti palkon se uljhun -- to Gunaah
Unki ankhon k dariya me doobun -- to Gunaah

Unke kaale kajal ka kala jaadu
Aur meri diwanagi hai Gunaah

Ufanataa ho unki nazaron me samandar
Aur meri doobti kashti hai Gunaah

Waah Khudaa___
Unka Muskurana ho katilana
Aur mera fanaah hona hai Gunaah.....

12. Sangeen Mukadmaa

Syaah Syaah si teri nazaron pe
Sangeen Mukadmaa daayar hai.....

Bata kahan tk jaayaz hai
Koi na bacha-- sara sheher shayar hai....

Adalat me hungama
Aaye hain saare tere aashiq

Zebon se sbki tere sitam ka rasid nikla hai
Kyaa khaak hoga insaaf aaj__
Quaazi bhi teri nazaron ka mureed nikla hai....

Humne Mukadama ladaa teri taraf se...
Teri aankhein subeh ka aaftab hain,
Noor-e-mehtaab hain
Shabab hain,
Peimana-e-sharab hain....

Shabanam hain, marham hain, quayamat hain,
quaaynaat hain
Aashiq ka aitraaz hain, namaz ka paak ulfaaz hain...
Nazakat hain, inayat hain

Shamsheer teri aankhein, haan quatlgaah hain

Par jannat ko utaarna zameen par___
Gunaah hai, Gunaah hai, Khuda ka Gunaah hai....

13. Daleel

Humne Mukadama ladaa teri taraf se...

Teri aankhein subeh ka aaftab hain,
Noor-e-mehtaab hain
Shabab hain,
Peimana-e-sharab hain....

Shabanam hain, marham hain, quayamat hain,
quaaynaat hain
Aashiq ka aitraaz hain, namaz ka paak ulfaaz hain...
Nazakat hain, inayat hain

Shamsheer teri aankhein, haan quatlgaah hain....

Par jannat ko utaarna zameen par___
Gunaah hai, Gunaah hai, Khuda ka Gunaah hai...

14. Faisla-e-Mukadamaa

Faisla!!!

Sheher k naamchin akhbaar me faisla aaya hai

Huzoor-e-noor ko ba-izzat-bari__
Awaam ke liye hidayat ayaa hai...

Rakhein sambhaal kar imaan ko, uljhein na unki nazaron se__
Farmaan Aaya hai

Naa vaid ki dawaa kaam aayegi
Naa maulvi ki dua kaam aayegi

Adalat se bari hokar, Maut ka samaan aaya hai!!!

15. Chhalaktaa paimana

Chham Chham Chham Chham
Paani ki boodein girti thi chaat par

Unki aankhein thi meri ankhon mein
woh the mere pehloo me
Aur aag lagi thi seene me...

Yaaron nashaa ab bhi nahi utraa,
Ki us raat unki aankhon me maikhaana dekha tha...

Kasam khudaa ki, unke har rom ki jagah...
humne ek chhalaktaa hua paimana dekha tha....

16. Chaand ko bujhte dekha hai

Kyaa jharne ko girte dekha hai?
Kya mom pighalte dekha hai?
Kya sooraj ko khilte dekha hai?
Kya chaand ko bujhte dekha hai?

Nahaa k baalon ko jhatka, tb jharne ko girte dekha tha!
Woh simte meri baahon me, tb mom pighalte dekha tha!
Angraai kya li jaan ne, sooraj ko khilte dekha tha!
Woh lipte aise chadar se, tb chaand ko bujhte dekha tha!!!

17. Mehboob ne yaar badla hai

Pii rakhi hai duniya ne khushi me
Nashe me hai har koi
K saal badlaa hai...

Badla hai mausam,
Hawaaon ka rukh
Fizaaon ka khyaal badla hai...

Apni khaatir usi waqt badli thi duniya
jab mili thi khabar
k Mehboob ne naya yaar badla hai....

18. Diary

Mere gamon ki dastan, tere haath kya lagi...
Panne ulte do-chaar
to diary keh diya...

Gam dil ka kyaa sunaya
waah waah krne lage

kambakht mere dard-e-dil ko
Shayari keh diya....

19. Intezaar

Yaaron hum yaar k yaarane mein hain,
Phir bhi hum veerane mein hain
Badal gaya hai jannat zameen par
k mere mehboob ne sheher badla hai...

Ae chaand tum kahan ho
Sheher sara taras gaya hai chandani se nahane ko
Yahan hawa bhi taras rahi hai
Tumhari saanson ko gale se lagane ko

Sooni hain rahein, Sookhi hain saansein
k hum tumhe khojte hain

Aa jaao, Jaan mere mat tarsaao
k tere intezaar me hum aansuon ko ponchte hain...

20. Wahan hum nahi honge

Mera Intezaar teri aankhon se aansu ban kr na beh jaaye,
Gire teri aankhon se moti
Aur unhe sambhalane ko taraste hum na reh jaaye

Yahan mulakaat nahi hoti khushiyon se
Baton hi baton me, kahin tumse ye na keh jaaye

Mat rona k wahan hum nahin honge
Honge tere aur bhi chahne vale
Aur mana k vo mujhse kam nahi honge

Par jaan mat rona
K wahan hum nahi honge!!!

21. Woh nahin Aaye...

Socha nahi unhone, Gair ki bahon me simatate chale gaye
Roya mera dil, royi meri ankhein
Socha usi roz k woh duniya se chale gaye...

Tadapte reh gaye hum
woh nahin aaye
har raste ko dekhte the kayi baar
ashq bahaate reh gaye hum
Woh nahi aaye...

Jaane ka waqt ho chala hai
Andhera ghirne laga hai
Taare hum par hansne lage hain

Kis Kis se chupayein apni ankhein
Sabko hai khabar
k woh nahin aaye....

www.ingramcontent.com/pod-product-compliance
Lightning Source LLC
LaVergne TN
LVHW022032200926
848481LV00007B/2651
* 9 7 9 8 9 0 0 8 1 8 1 6 0 *